DES

TAXES DE PAVAGE

RÉCLAMÉES PAR LA VILLE DE BORDEAUX

AUX

PROPRIÉTAIRES RIVERAINS

DES

RUES MOUNEYRA ET AUTRES

Par Ernest MONIS

Avocat à la Cour d'appel de Bordeaux

BORDEAUX

IMPRIMERIE BORDELAISE (J. LAMARQUE, DIRECTEUR)

Rue Porte-Dijeaux, 43.

—

1880

DES

TAXES DE PAVAGE

RÉCLAMÉES PAR LA VILLE DE BORDEAUX

AUX

PROPRIÉTAIRES RIVERAINS

DES

RUES MOUNEYRA ET AUTRES

Par Ernest MONIS

Avocat à la Cour d'appel de Bordeaux

BORDEAUX

IMPRIMERIE BORDELAISE (J. LAMARQUE, Directeur)

Rue Porte-Dijeaux, 43.

—

1880

DES

TAXES DE PAVAGE

RÉCLAMÉES PAR LA VILLE DE BORDEAUX

AUX

PROPRIÉTAIRES RIVERAINS

DES

RUES MOUNEYRA ET AUTRES

La ville de Bordeaux a trouvé opportun et convenable de mettre certains travaux accomplis par elle rues Mouneyra et autres à la charge des propriétaires riverains, en les soumettant à des taxes de pavage.

Les protestations ont été vives, et la résistance à peu près générale des intéressés paraît avoir troublé la Municipalité et ému le Conseil municipal.

L'Administration, pour se rassurer, a demandé à la Commission du contentieux du Conseil municipal une sorte de consultation dont les conclusions, favorables à la Ville, ont été adoptées à l'unanimité par le Conseil municipal, qui a également voté à l'unanimité l'impression de ce travail.

Le retentissement ainsi donné à ce document, qui préjuge avec éclat un litige de la Ville au moment où le Conseil de préfecture délibère encore sur quelques-unes des instances des réclamants et où les débats vont s'ouvrir pour d'autres, s'il constitue un procédé discutable peut-être, au point de vue des convenances de la justice, fait dans tous les cas du rapport ainsi acclamé par le Conseil municipal, imprimé et répandu par la Ville, un des éléments principaux de la discussion, et, par là, met les intéressés dans la nécessité d'y répondre brièvement.

La présente note est rédigée dans l'intérêt de M. Émile Louit aîné, négociant.

Elle est par conséquent relative aux travaux de la rue Mouneyra.

Mais elle traitera non-seulement la question spéciale à ladite rue, mais encore la question générale de la prétendue insuffisance des revenus de la ville de Bordeaux et à ce point de vue établira des conclusions qui pourront servir de base commune à toutes les réclamations qui s'élèvent en cette matière contre la Ville de Bordeaux.

I.

De la rue Mouneyra.

Le 30 octobre 1873, un traité ratifié depuis par la loi du 28 juillet 1874, intervenait entre l'Etat et la ville de Bordeaux.

Par ce traité, la ville de Bordeaux, en échange des avantages résultant pour elle de la garnison qui lui est promise, — s'engage à construire, à ses frais, le casernement nécessaire à cette garnison.

La ville de Bordeaux « *s'engage encore,* dit l'article 6 du » traité, *pour faciliter les communications des différentes* » *troupes de la garnison, à exécuter les travaux indiqués* » *ci-dessous :*

» 1° *Elle fera terminer, dans le délai de trois années, à* » *partir de la ratification définitive du traité, les rues du*

» *Hautoir et Mouneyra, de manière qu'elles ne présentent*
» *plus d'interruption dans leur parcours de la rue Belleville*
» *au boulevard de ceinture......;*

» *4° Le pavage des voies dont les noms suivent, lesquelles*
» *conduisent de la ville vers les établissements militaires sera*
» *exécuté à la diligence de l'Administration municipale dans*
» *un délai de trois années, à partir de la ratification du pré-*
» *sent traité..... : rue Mathieu et rue Mouneyra.* »

C'est en exécution de cet engagement que la ville a ouvert
et prolongé la rue Mouneyra sur un terrain de M. Louit. Elle
réclame à M. Louit le montant du pavage effectué à cette occasion sur la voie nouvelle.

Il résulte de la citation bien claire qui précède que la rue
n'a été ouverte « *que pour faire communiquer les différentes
troupes de la garnison,* » c'est-à-dire dans un but exclusivement militaire et dans un intérêt purement stratégique.

Dans ces conditions les nécessités de la circulation purement
urbaine sont complétement étrangères à ces travaux.

Dès lors on ne peut leur appliquer la ressource des taxes de
pavage.

Supposons au surplus que l'État n'ait pas pu obtenir de la
Ville les « *concessions gracieuses* » qui lui ont été faites par le
traité du 30 octobre 1873. Que fût-il advenu?

L'État construisait lui-même et à ses frais son casernement
et les voies militaires qu'il nécessitait *pour faire communiquer
les différentes troupes de la garnison.*

En aucun cas, il n'eut pu réclamer à la Ville, ou aux riverains une contribution quelconque à ces dépenses.

La ville de Bordeaux s'est volontairement substituée, et
moyennant certains avantages, à l'État pour la confection de
ces travaux; mais ce fait peut-il changer la nature et le but de
ces travaux?

Évidemment non.

Par conséquent leur nature et leur destination restant la
même, on ne peut leur appliquer des ressources spéciales qui
ont une affectation légale particulière.

On ne peut recourir extraordinairement à la taxe de pavage

que pour des travaux reconnus nécessaires à la circulation urbaine.

Mais, dit-on, le Conseil municipal a décidé l'utilité de ce pavage au point de vue de cette circulation ; sa décision à cet égard est souveraine, nul ne peut la critiquer.

En droit cette proposition est absolument inexacte.

Le rapport de la Commission du contentieux sans l'appuyer d'aucun texte, d'aucun argument, d'aucune citation de doctrine se borne à l'étayer sur un arrêt absolument isolé du Conseil d'État du 18 août 1848.

En matière de finances (impôts et taxes), les Conseils municipaux ne sont en aucun cas souverains.

Ils deviendraient omnipotents en ce qui touche les taxes de pavage, si leur déclaration d'utilité échappait à la fois aux critiques des contribuables et à la censure des tribunaux administratifs.

Sous prétexte de pavage ils pourraient créer des places, des avenues, des promenades et imposer aux riverains la charge de ces embellissements.

Il n'en est rien.

Une jurisprudence constante a décidé, au contraire, *que les riverains n'étaient tenus que dans la limite où la circulation était intéressée* (Arrêts du Conseil d'État du 2 mars 1877, Dalloz, 3, 49 et 50,) et que les tribunaux administratifs avaient un pouvoir discrétionnaire pour apprécier ces limites.

Cette jurisprudence pose donc ce principe absolu que l'obligation du riverain cesse lorsque la ville agit dans un intérêt autre que celui de la circulation.

On ne peut exécuter par exemple ni un nivellement ni un embellissement à l'aide des taxes de pavage.

Ceci posé, peut-on soutenir qu'une voie stratégique, intéressant exclusivement l'Etat sera payée aux frais du riverain ?

Évidemment non.

Peut-on, de la part de la ville, tourner la difficulté en faisant déclarer d'utilité pour la circulation urbaine, par le Conseil municipal une voie qui n'est créée que dans l'intérêt de l'État ?

Une pareille déclaration ne constitue-t-elle pas une sorte de fraude ?

Quoi la ville de Bordeaux inscrit dans son traité avec l'Etat,— que certaines rues sont ouvertes, — « *pour faciliter les com-* » *munications des différentes troupes de la garnison* »; et la même ville aura le droit, pour en faire supporter la dépense aux riverains, de déclarer que les mêmes travaux ne sont faits que dans l'intérêt de la circulation urbaine.

Mais c'est proclamer au profit du Conseil municipal le droit à la négation de la vérité même, reconnue et consentie !

Ce serait aussi ouvrir la porte à tous les abus.

Un exemple pour en juger. L'Etat vient de construire des Docks ; pour les faire communiquer avec la ville, on a ouvert une route à travers des prairies ; suffira-t-il donc au Conseil municipal de déclarer le pavage de cette voie d'utilité publique pour en mettre le montant à la charge des riverains proprié-taires de la prairie ?

Il en ira tout autrement.

L'état construit pour lui les Docks et leurs accessoires, il paiera le tout, comme il eût tout payé pour le casernement si la ville n'avait pas pris ces travaux à sa charge.

II

Insuffisance des revenus ordinaires de la Ville de Bordeaux.

Il est bien entendu que la Ville ne peut avoir recours aux taxes de pavage qu'en cas d'insuffisance de ses revenus ordi-naires.

Mais comment faut-il entendre cette insuffisance ?

Nous sommes absolument d'accord avec le Rapporteur de la Commission du contentieux sur ce point.

Une première jurisprudence du Conseil d'État établissait que cette insuffisance devait résulter de la comparaison des recettes ordinaires portées aux comptes et budgets avec les dépenses ordinaires.

Cette jurisprudence a été modifiée en 1869 et sur les conclusions de M. Aucoc (1). On avait fait remarquer que certaines dépenses extraordinaires de leur nature, comme le service d'un emprunt devaient être ajoutées aux dépenses ordinaires proprement dites puisqu'elles étaient obligatoires et que le préfet avait le droit de les inscrire d'office au cas de refus du Conseil municipal de le faire.

L'insuffisance des revenus de la Ville ne résultera donc que de la comparaison des recettes ordinaires avec les dépenses ordinaires augmentées de celles qui sont obligatoires parmi les dépenses extraordinaires.

Nous sommes sur ce point entièrement d'accord avec M. le Rapporteur de la Commission du contentieux et le principe nettement posé et défini, il ne reste plus qu'à l'appliquer à la situation financière de Bordeaux.

Le total des dépenses ordinaires augmentées des dépenses obligatoires extraordinaires s'élève, d'après le Rapporteur, à 8,460,214 fr.

Mais il y a lieu de déduire de ce total et en vertu de la jurisprudence plus haut indiquées celles des dépenses extraordinaires mais obligatoires pour lesquelles il a été créé des ressources spéciales également extraordinaires.

Le total de ces dernières s'élève, d'après M. le Rapporteur, à 1,142,000 fr.

Il y a lieu de déduire ce chiffre du total donné plus haut et cette opération faite, le total des dépenses ordinaires et extraordinaires obligatoires auxquelles il n'est pas pourvu par des ressources spéciales s'élève à 7,318,214 fr.

Jusque-là nous sommes absolument d'accord avec M. le

---

(1) *Conseil d'Etat*, 11 août 1869. — Dalloz, 1870, 3.71.

Rapporteur, tant sur la manière d'opérer que sur tous les chiffres.

Or, nous voyons que le total des recettes ordinaires est évalué sur le budget (1879) à 7,348,828 fr.

De ce seul document il résulte un excédant de recettes de 30,614 fr.

Il n'y a donc pas d'insuffisance des recettes ordinaires, mais, au contraire, excédant.

Ici se place une remarque capitale.

M. le Rapporteur, au cours de sa discussion financière ne raisonne jamais qu'à l'aide des budgets.

Ces documents peuvent suffire en ce qui concerne l'étude des dépenses ordinaires et obligatoires qui nous occupent. En effet, en aucun cas, ces dépenses ne pourront dépasser les prévisions du budget puisqu'elles sont préfixes.

Mais les recettes ordinaires sont de leur nature essentiellement variables, et c'est dans le Compte annuel d'ordre qu'il faut chercher le chiffre réel, définitif, auquel elles se sont élevées.

Or, pour l'exercice 1879 qui nous occupe, ces recettes ont été de beaucoup supérieures aux évaluations budgétaires. — Seulement comme ce compte ne se dressera qu'au 31 mars 1880, nous ne pouvons pas encore en indiquer le chiffre définitif.

Mais examinons les années précédentes.

Le budget de 1878 évaluait les recettes ordinaires à 7,063,913 fr. 60 c. Il résulte du compte d'ordre clos le 31 mars 1879, qu'elles ont atteint 7,684,443 fr. 50 c.

Soit une plus-value des recettes sur les évaluations du budget de 620,529 fr. 90 c.

En 1877, le budget évalue les recettes ordinaires à 7,060,594 fr. 02 c.

Il résulte du compte d'ordre clos le 31 mars 1878, que leur rendement véritable a été de 7,628,587 fr. 31 c.

Soit une plus-value des recettes ordinaires sur les prévisions de 667,993 fr. 29 c.

En 1876, il y a eu également une plus-value des recettes ordinaires sur les chiffres du budget de 409,175 fr. 29 c.

Il y aurait donc une cause d'erreur considérable à prendre le chiffre des recettes dans le budget, puisqu'il est acquis que le procédé habituel de la ville est de diminuer de beaucoup le chiffre de ses recettes dans ses prévisions.

De ce qui précède, il résulte :

Qu'en 1879, il y a eu un excédant de recettes ordinaires que nous ne pouvons préciser en l'absence du compte d'ordre qui n'est pas encore arrêté ;

Qu'en 1878, les recettes se sont élevées à. . F. 7,684,443 50
Déduisons le chiffre presque invariable des dépenses ordinaires augmentées des dépenses extraordinaires obligatoires. 7,318,214

D'où pour cet exercice un excédant de recettes ordinaires de. 366,229 50
Qu'en 1877 les recettes se sont élevées à. . . 7,628,587 21
Et par suite que l'excédant des mêmes recettes sur les mêmes dépenses a été de. . . F. 310,373 21

Nous ne poussons pas plus loin notre travail parce qu'en l'année 1876 la dette n'était pas la même et nous serions obligé de constituer le chiffre réel des dépenses pour cette année; ce que nous avons laissé faire jusqu'à présent à M. le Rapporteur lui-même.

Il y a donc depuis trois ans, tout au moins, un excédant des recettes ordinaires de plus de 300,000 fr. chaque année. L'insuffisance de revenus prétendue n'existe en aucune façon.

Pour en achever la démonstration d'une façon plus éclatante, ajoutons une considération qui n'est pas directement probable mais qui a sa valeur.

Faisons, si vous le voulez, la balance annuelle des recettes et des dépenses de toutes natures sans aucune distinction, en un mot la balance totale de chaque année.

Par décret en date du 2 février 1878 l'exercice de 1876 a été réglé par un excédant de recettes de 191,146 fr. 73 c.

Par décret du 26 février 1879. L'exercice de 1877 a été réglé par un excédant de recettes de 6,920,955 fr. 32 c.

Enfin l'exercice de 1878, non réglé par décret, sera réglé selon le compte d'ordre par un excédant de recettes de 30,001 fr. 96 c.

Donc, ce qui est péremptoire, surtout après notre première démonstration, tous les exercices se sont soldés par des excédants de recettes considérables et bien plus que suffisants à parer au paiement des pavages réclamés.

Telle est la situation véritable.

M. le Rapporteur après l'avoir involontairement altérée en prenant le chiffre des recettes ordinaires dans le Budget au lieu de le prendre dans le Compte d'ordre (erreur de plus de 600,000 fr. pour chaque année), sentant qu'elle est malgré cette énormité encore favorable aux réclamants, essaye de la défigurer totalement à l'aide d'arguments de droit des plus singuliers.

Dans cet ordre d'idées, M. le Rapporteur pose d'abord en principe qu'il y aurait lieu d'ajouter aux dépenses ordinaires non-seulement celles des dépenses extraordinaires qui sont obligatoires, mais encore certaines des dépenses extraordinaires facultatives, « *parce qu'elles sont annuelles et reviennent chaque année au budget.* »

Il cite à titre d'exemple la subvention au Théâtre. La voilà rangée d'un trait de plume, et pour les besoins de la cause, parmi les dépenses obligatoires, uniquement parce qu'elle revient chaque année. Nous n'avons plus rien à envier au *panem et circenses* de l'antiquité.

Comment peut-on soutenir sérieusement de pareilles théories?

Cette subvention figure d'année en année dans les budgets, mais uniquement parce que le Conseil le veut bien.

Elle pourrait disparaître ; elle pourrait également être diminuée.

Rien n'établit même qu'elle soit nécessaire. Un conseil athénien la maintiendrait sans doute ; mais des spartiates la supprimeraient assurément. C'est affaire de goût et de tempérament ; il n'y a là rien d'immuable ou d'obligatoire.

Il faut en dire autant de la subvention d'un intérêt plus certain, accordée à l'École supérieure du Commerce et de l'Industrie.

Jamais la jurisprudence, inaugurée sur les conclusions de M. Aucoc, un maître de la science administrative, n'est allée jusqu'à joindre aux dépenses ordinaires autre chose que des dépenses obligatoires.

Y ajouter certaines dépenses facultatives serait s'en remettre à la fantaisie des administrations et détruire la seule garantie que le contribuable puisse avoir dans une matière où l'arbitraire a tant de prise.

Mais lors même qu'on ajouterait aux dépenses ordinaires, augmentées des extraordinaires et obligatoires, celles du Théâtre et de l'École supérieure du commerce, 130,000 fr., la situation serait encore en notre faveur.

Nous aurions encore, en effet, pour 1878, un excédant des recettes sur les dépenses calculées comme le veut le rapporteur, de. 236,229 50
Et, pour 1877, de. 280,373 21

Nous serions donc encore bien loin de l'insuffisance des revenus dela Ville.

Après avoir grossi le chiffre des dépenses ordinaires, M. le Rapporteur s'applique également à diminuer le chiffre des recettes ordinaires.

Il propose d'en retrancher les centimes spéciaux à l'instruction publique et aux chemins vicinaux, les centimes additionnels aux contributions et les taxes additionnelles de l'octroi.

Procédé bien commode et qui assurerait enfin un succès à la ville en établissant pour le coup une insuffisance de revenus que nous n'avons point encore vue apparaître.

En ce qui touche les taxes d'octroi, la question est tranchée par un texte formel. Le paragraphe 5 de l'article 31 de la loi du 18 juillet 1837, classe parmi les recettes ordinaires des communes : « *Le produit des octrois municipaux..* »

C'est tout dire.

Mais M. le Rapporteur fait observer qu'en 1876 on a créé des taxes additionnelles d'octroi en vue de subvenir au service d'un emprunt spécial; par conséquent, dit-il, ces taxes constituent une recette extraordinaire.

Nous répondons, la loi a dit : « *Le produit des octrois* » sans distinguer.

D'un autre côté la Ville a tellement pensé que les taxes additionnelles d'octroi étaient une recette ordinaire, absolument comme les autres produits d'octroi, que nulle part dans ses comptes et budgets elle ne les distingue de ces autres produits et qu'aucun article de sa comptabilité ne fait la ventilation de ce qui provient du chef des taxes votées en 1876 avec une destination spéciale.

Mais qu'importe ? — si vous considérez ces recettes comme extraordinaires, et si, à ce titre, vous les retranchez du total des recettes ordinaires, vous serez obligé par contre de retrancher du total des dépenses le service d'emprunt auquel elles sont affectées.

Car nous avons déjà vu qu'il résulte de la jurisprudence invoquée par M. le Rapporteur qu'il faut déduire des dépenses extraordinaires obligatoires qui peuvent être ajoutées aux dépenses ordinaires celles pour lesquelles il aurait été créé des ressources spéciales également extraordinaires.

Cette opération qui serait la conséquence de la théorie de M. le Rapporteur ferait disparaître le même chiffre dans la colonne des recettes et dans celles des dépenses, ce qui ne changerait point la balance.

Quant aux centimes additionnels, la question est encore tranchée par un texte formel : le paragraphe 3 de l'article 31 de la loi précitée.

Qu'il en fût autrement avant la loi du 18 juillet 1837, cela est sans influence sur le débat; nous ne pouvons pas le résoudre d'une façon rétrospective; nous devons lui donner la solution qui résulte de la loi actuellement en vigueur.

En ce qui touche les centimes spéciaux de l'instruction primaire et des chemins vicinaux, arrêtons-nous un peu pour montrer combien le raisonnement de M. le Rapporteur est décourageant. Soit qu'il parle de dépenses ou de recettes il a une méthode et des principes différents. S'agit-il des dépenses qu'il importe de grossir dans l'intérêt de la Ville, elles se composeront non-seulement des dépenses ordinaires, mais encore de certaines dépenses facultatives parce qu'elles sont obligatoires et de certaines autres qui ne sont pas obligatoires parce qu'elles sont annuelles et périodiques, etc.

Nous y consentons un instant ; mais, à notre tour, laissez-nous placer parmi les recettes ordinaires celles qui sont extraordinaires, mais votées chaque année et qui figurent dans tous les budgets pour les mêmes sommes.

Nous avons d'autant plus le droit d'en agir ainsi avec les centimes qui nous occupent, qu'ils sont une ressource vraiment ordinaire pour les communes, mise par la loi à la disposition des Conseils municipaux qui ont le droit de les voter, notamment sans l'intervention des hauts imposés là où elle est exigée.

La situation de la Ville est si bonne, qu'elle n'épuise pas le droit qu'elle aurait en cette matière; le Conseil n'a voté, en 1878, que trois centimes pour l'Instruction et deux centimes 8 dixièmes pour les Chemins vicinaux.

Mais, au surplus, faisons le total. Je prends les chiffres du compte d'ordre de 1878 :

Centimes spéciaux à l'instruction primaire . 138,021 44
Centimes spéciaux aux chemins vicinaux . . 128,820 »

Total. . . . . F. 266,841 44 (1)

Or, nous avons démontré surabondamment qu'il y avait eu

_____

(1) Et non pas 420,000 fr. comme l'indique par erreur M. le Rapporteur.

en 1877 et 1878 des excédants de recettes ordinaires de beaucoup supérieurs, c'est-à-dire de 310,373 fr. 21 c. et de 366,229 fr. 50 c.

D'où il résulte que dût-on faire la défalcation réclamée de ces ressources spéciales, il n'y aurait pas le moins du monde insuffisance des recettes; la balance suffirait amplement à payer les travaux de pavage, surtout avec cette considération que la Ville, ayant trois années pour les exécuter, pouvait en répartir la dépense sur trois exercices.

La vérité est qu'il est bien imprudent à la Ville d'attirer l'attention du public sur ces centimes spéciaux.

Pour être complet, nous n'avons plus qu'à répondre à deux arguments que nous trouvons l'un à la fin et l'autre au commencement du rapport de la Commission du contentieux.

M. le Rapporteur prétend que les ressources ordinaires de la Ville ne peuvent faire face « *aux dépenses qu'elles sont destinées* » *à couvrir, soit que ces dépenses soient obligatoires, soit que la* » *Ville ait cru devoir les décider dans la limite de ses pouvoirs* » *et sans que personne ait d'autres droits que celui de les cri-* » *tiquer une fois qu'elles ont été approuvées par l'autorité su-* » *périeure.* »

Nul ne peut nous exproprier de ce droit très platonique.

Mais lorque la ville de Bordeaux vient frapper à notre caisse, nous usons du droit plus réel que la loi nous a donné de voir s'il n'y a rien dans la sienne et de rechercher si le vide n'y a pas été produit par des dépenses qu'elle pouvait ne pas faire; si sa pénurie se justifie par des dépenses obligatoires, nous devons payer; si, au contraire, elle n'a sa raison d'être que dans des dépenses facultatives, nous avons le droit de lui fermer notre escarcelle. Voilà toute la situation.

Au commencement de son travail, M. le Rapporteur se place sous l'invocation de l'intérêt général ; qu'il nous permette de lui faire observer qu'il importe bien peu aux contribuables que M. Louit acquitte ou non la taxe qui lui est réclamée; il y va pour chacun des habitants de Bordeaux d'un intérêt infinitésimal; au contraire, la résistance des réclamants a pour chacun d'eux un intérêt considérable.

En dernière analyse l'expédient des taxes de pavage est-il donc si conforme à la justice?

Voici ce qu'en disait Foucart :

« La dépense du pavé doit-elle, comme toutes les charges
» communales, peser sur la généralité des habitants, ou doit-
» elle être supportée uniquement par les riverains qui en tirent
» le plus grand avantage?

» Le *premier système parait conforme à l'équité et à l'es-*
» *prit de la loi;* car il est juste *que tout le monde contribue à*
» *une dépense qui profite à tous,* sauf à exiger des propri é-
» taires riverains le paiement d'une indemnité, conformément
» à la loi du 16 septembre 1807, à cause de l'augmentation de
» valeur que le pavage peut avoir procuré à leurs propriétés. »

» Le second système présente l'inconvénient d'être contraire
» *à l'égalité des charges.*

» C'est celui cependant qui a été adopté par le Conseil d'État
» du 25 mars 1807. »

Nous ne terminerons pas cette petite étude sans donner le texte même de ce fameux avis.

Il est ainsi conçu :

« Le Conseil, qui, d'après le renvoi ordonné par Sa Majesté
» l'Empereur et roi, a entendu le rapport de la section de l'in-
» térieur sur celui du Ministre de ce département du 21 jan-
» vier dernier, par lequel le Ministre demande qu'il soit sta-
» tué sur la question de savoir si dans toutes les communes le
» pavé des rues, *non grandes routes,* doit être mis à la charge
» des maisons qui le bordent, lorsque l'usage l'a ainsi établi,
» et si l'article 4 de la loi du 11 frimaire an VII n'y apporte
» pas d'obstacle ;

» *Estime* que la loi du 11 frimaire an VII, en distinguant la
» partie du pavé des villes à la charge de l'Etat de celle à la
» charge des villes, n'a point entendu régler de quelle ma-
» nière cette dépense serait acquittée dans chaque ville, et
» qu'on doit continuer de suivre à cet égard l'usage établi pour
» chaque localité, *jusqu'à ce qu'il ait été statué par un règle-*
» *ment général sur cette partie de la police publique.*

» En conséquence, que dans les villes où les revenus ordi-

» naires ne suffisent pas à l'établissemennt, restauration ou en-
» tretien du pavé, les Préfets peuvent autoriser la dépense à la
» charge des propriétaires, ainsi qu'il s'est pratiqué avant
» la loi du 11 frimaire an VII. »

Cet avis contestable n'était donné qu'à titre provisoire en
attendant un règlement général qui n'est jamais venu.

Ne serait-il pas digne du Conseil d'Etat de proposer une
bonne loi sur cette matière à l'occasion de laquelle les tendan-
ces des Conseils municipaux et les contradictions de la jurisprudence causent aux particuliers, surtout dans les grandes
villes, de fréquents et graves dommages.

Mais laissons ce point de vue général étranger à notre
cause.

En résumé, la situation financière de la Ville a été la sui-
vante, avec cette observation renouvelée qu'en l'absence du
compte d'ordre de 1879, nous ne pouvons raisonner exacte-
ment sur cette année :

1877.

Recettes ordinaires.	7,628,587 21
Dépenses ordinaires et extraordinaires obligatoires.	7,318,214 »
Excédant des recettes ordinaires.	310,373 21

1878.

Recettes ordinaires.	7,684,443 50
Dépenses ordinaires et extraordinaires obligatoires.	7,318,214 »
Excédant des recettes ordinaires.	366,229 51

En défalquant les Centimes spéciaux de l'Instruction primaire et des Chemins vicinaux, qui s'élèvent à 266,841 fr. 44, on aurait encore :

1877.

Excédant de recettes. 43,531 77

1878.

Excédant de recettes. 99,388 06

Bordeaux, février 1880.

J. Lamarque, imp., rue Porte-Dijeaux, 43, Bordeaux.